De l'Imprimerie de J. Quillau. 1723.

MEMOIRE

POUR Meſſire Georges - François Bonnet, Marquis de ſainte Foy, Appellant & Inti-mé, Demandeur & Défendeur.

CONTRE Eliſabeth Tricot, ſe diſant veuve en premieres nôces de Milord Bourk, & veuve en ſecondes du Sieur de Vaudrets, Intimée, & Appellante, Défendereſſe & Demandereſſe.

LE genie & l'art deviennent inutiles, ils ſont même dangereux dès que la probité & l'honneur n'en reglent pas l'uſage : & l'on voit des perſonnes, qui auroient, ce ſemble, à ſe louer de la nature, ſi elle leur eût refuſé ſes talens.

Telles ſont les premieres reflexions que preſentent à l'eſprit la conduite & les ſéduiſans artifices d'Eliſabeth Tricot. Telle eſt la premiere expoſition d'une cauſe que la nouveauté des faits & l'importance des matieres rendent également intereſſante.

Il s'agit de conſerver la fortune d'un homme, qui ſe voit prêt à la perdre preſqu'en commençant de vivre, ſans que l'on ait d'autres reproches à lui faire, que ſa foibleſſe & ſa confiance.

Il s'agit de punir une femme dangereuſe même par ſon eſprit, on a preſque dit, par ſes crimes ; plus dangereuſe encore par l'impunité dont elle a joui juſqu'à preſent.

Le Marquis de ſainte Foy, majeur, a ſigné une quittance de dot pardevant Notaires ; il a reconnu avoir reçu 60000 livres de la P. a. le Contrat de mariage n'a point été ſuivi de la celebration. Elle demande la reſtitution de ces 60000 liv. on prétend prouver au contraire que ces 60000 liv. ne lui ont jamais été données : il a pris des Lettres de reſciſion, on en demande l'entherinement.

Le Jugement dont on eſt Appellant, appointe les Parties : il ordonne que les informations ſur leſquelles le Marquis de ſainte Foy etablit ſes preuves, ſeront jointes au Procès. C'eſt un préjugé contre un Acte paſſé pardevant Notaires ; mais ce préjugé laiſſoit les Parties dans l'embarras, ils en appellent, ils demandent l'évocation du principal.

A

Il s'agit donc de difcuter cet Acte. Pour établir fa nullité, il faut examiner d'abord quels font les Contractans : on verra après quelle eft la
nature de ce Contrat. La difcuffion des perfonnes contractantes annoncera, s'ils ont pû tromper, ou être trompées ; l'examen du Contrat ap-
prendra, fi effectivement il eft le fruit du dol & de la tromperie.

Le Marquis de fainte Foy, âgé de 31 ans, ne craint point qu'on lui reproche aucune de ces avantures que la raifon defavoue, & que la jeuneffe
même quelquefois ne fait pas excufer : s'il a connu les foibleffes de cet
âge, il ne s'eft jamais prêté à fes déreglemens.

Elevé par un pere dont la Nobleffe n'eft point équivoque, quoiqu'on
lui en difpute la fource, il a eu l'honneur de fervir le Roy, en qualité de
Page de la grande Ecurie.

L'unique reproche qu'on lui faffe, & le filence d'Elifabeth Tricot à cet
égard, eft un parfait éloge pour lui, l'unique reproche qu'elle lui faffe,
c'eft d'avoir ofé ufurper un Nom illuftre, c'eft de fe dire de l'ancienne
Maifon de Montgomery, elle prétend qu'il n'en eft pas.

Mais en lui difputant cette origine, elle le reconnoît Gentilhomme,
elle ne l'accufe point d'emprunter un nom illuftre pour couvrir une naiffance obfcure ; elle prétend feulement qu'il n'eft pas des vrais Montgomery : & comme les noms les plus refpectables n'ont point été à couvert de l'audace de certains avanturiers, auffi les naiffances les plus certaines & les mieux prouvées, ont été fouvent expofées à des contradi-
ctions. L'antiquité même d'une race en rend quelquefois la preuve plus
difficile.

Cette queftion entre le fieur Comte de Montgomery & le pere du
Marquis de fainte Foy, eft actuellement pendante aux Requeftes du Pa-
lais du Parlement de Rouen, & elle paroît décidée par l'érection de la
Châtellenie de fainte Foy de Montgomery en Marquifat, dans laquelle
le Roy y reconnoît les Marquis de fainte Foy iffus des vrais & anciens
Montgomery.

Mais fans embarraffer cette caufe déja trop chargée de faits qui lui font
neceffaires d'une difpute entierement indifferente à fa décifion : on eft
obligé de convenir que le Marquis de fainte Foy, eft Gentilhomme.
Voilà donc un Gentilhomme jeune & fans avanture, qui contracte ; avec
qui contracte-t-il ?

Elifabeth Tricot native de la Roche-de-Rien, Evêché de Treguier
en Baffe Bretagne, eft fille de Criftophe Tricot, Marchand Mercier.
Ses parens l'abandonnerent dans le temps qu'ils lui étoient plus redeva-
bles de leurs foins : elle quitta fon pays à l'âge de 13 ans ; foit pauvreté
de la part de fes parens, foit mauvaife inclination de la fienne, peut-être
même ces deux circonftances fe réuniffoient.

Malheureufement pourvûe des avantages propres à rendre fa mauvaife volonté plus dangereufe, elle joignoit aux graces du corps les talens
de l'efprit ; la probité & l'honneur étoient les feules chofes qui lui man-
quaffent.

Elifabeth Tricot parcourut la Bretagne ; des idées de plaifir & de fortune la conduifoient : c'étoit à Paris qu'elle devoit venir effayer le
pouvoir de fes charmes.

Un nommé Bourk l'arrêta au commencement de sa carriere. Cet homme étoit bienfait, il portoit un nom illustre en Irlande, ces deux qualitez la satisfaisoient doublement, elle étoit d'un âge & d'un temperament à se laisser aisément surprendre par les graces du corps, & elle avoit une ambition qu'éblouissoient les naissances même les moins certaines.

Ce nommé Bourk Soldat, à ce que quelques-uns prétendent, & Milord de Castel-Connel & de Brytas, si nous en croyons Elisabeth Tricot, demeura avec elle en Bretagne. Il l'épousa & mourut peu d'années après: on prétend qu'il avoit eu d'elle un enfant avant son mariage, & que les Témoins déposent avoir appris ce fait d'elle-même.

Ce qui est certain, c'est que *ce Haut & Puissant Seigneur Messire David Bourk de l'Illustre Maison de Bourk, Milord de Castel-Connel & de Brytas, Baron de Bosin, premier Capitaine-Commandant des Dragons dans le Regiment de la Reine d'Angleterre*. Ce sont les qualitez qu'elle lui donne dans le Contrat de mariage qu'elle a fait avec le Marquis de sainte Foy : *Ce Milord qui étoit fils d'un Souverain, parent du Roy d'Angleterre, & qui l'épousa par rapport à ses richesses immenses, joint à sa beauté, & à son illustre Naissance*. C'est elle-même qui s'exprime ainsi dans l'Histoire qu'elle a faite de ses avantures, ces deux personnes également illustres & par leur naissance & par leur fortune, éprouverent non pas ses inconstances ordinaires, mais les revers les plus humilians. Leurs enfans ont vécu d'aumônes : Elisabeth Tricot à peine veuve de ce Milord, étoit à Rennes dans une auberge au Cordon bleu à six sols par jour ; on l'en chassa, parcequ'elle n'avoit pas le moyen de payer cette dépense. Elle vola la servante de l'auberge, & ce vol l'obligea de sortir de la ville de Rennes.

Jeune encore, & décorée d'un nom connu, elle vient enfin à Paris ; elle se trouve dans le carrosse de Rennes avec une fille, nommée Cadin : elle se lie avec elle, & le fruit de cette connoissance & de ses amitiez, c'est qu'elle lui vole ses hardes.

Et l'on n'avance icique des faits qui doivent être prouvez par les informations qui sont entre les mains de Mrs les Gens du Roy. Les differens Tribunaux ont retentis de ces faits : c'est la voix publique qui les a transmis, & on ne les avance que parceque le succès de cette cause dépend de leur preuve. C'est une Avanturiere que l'on veut démasquer ; pour prouver que l'on a été trompé, n'est-il pas avantageux de faire voir que pour l'être il suffit de la connoître ?

On n'entrera pas cependant dans un détail exact des actions deshonnorantes d'Elisabeth Tricot. On ne parlera point des assassinats qu'elle a meditez, des recompenses qu'elle a promises pour les mettre à execution, des témoins qu'elle a subornez, de ceux qu'elle a voulu intimider, des filles dont elle a cherché à corrompre la vertu, des hommes ausquels elle s'est abandonnée pour les rendre les ministres de sa vengeance, de l'aveu infame qu'elle a fait de ses débauches & des maladies honteuses qui les ont suivies ; cette recherche formeroit un enchaînement de crimes d'autant plus surprenans qu'ils sont restez impunis.

On veut seulement établir qu'Elisabeth Tricot est une avanturiere &

une femme proſtituée ; & il eſt inutile d'employer à cette preuve le détail de ſa vie : quatre ou cinq traits marquez ſuffiront.

On prétend qu'il eſt prouvé par les informations faites à la Requeſte du Sieur..... contre la p. a. en l'année 1700, qu'elle a eu quatre maris, & de tous ces maris des enfans avant le mariage.

Il y a un extrait baptiſtaire tiré des regiſtres de la Paroiſſe Saint Germain l'Auxerrois du 14 Janvier 1701, d'un enfant nommé Matthieu Pierre, *dont le pere nous eſt inconnu*, dit cet extrait, *fils de Dame Eliſabeth Tricot, veuve de M.re David Bourk*, & la mere a ſigné cet extrait, le regiſtre lui ayant été porté à cet effet. Elle a ſigné que ce Mathieu-Pierre étoit ſon fils, & que ſon pere étoit inconnu. Trouvera-t-on une preuve plus complette d'une proſtitution publique ? On peut avoir des foibleſſes ; mais peut-on ne pas connoître ceux qui les ont cauſées, & être incertaine quel eſt le pere de ſon fils, n'eſt-ce pas avouer que pluſieurs ont pû l'être ?

Le premier Decembre 1701, elle reconnoît devoir à la Damoiſelle Adnet la ſomme de 300 l. pour penſion, logement, & frais de couche.

Il eſt certain qu'elle a vêcu pendant pluſieurs années en commerce de débauche avec le ſieur Beaumont, qu'elle en a eû des enfans. Une Sentence criminelle rendue le 21 Mars 1702, *pour avoir par ledit Beaumont & par ladite Tricot vêcu en commerce de débauches, leur fait défenſe de récidiver, ſe hanter ni frequenter, & les condamne ſolidairement en aumônes au profit de differentes Communautez.*

Par un extrait des Regiſtres des Baptêmes faits dans l'Egliſe Paroiſſiale de S. Euſtaches du Vendredi 16 May 1704.

Il paroît que l'on a baptiſé *Eliſabeth-Françoiſe Charlotte née d'hier, fille de David François..... Intereſſé dans les affaires du Roy & de Damoiſelle Eliſabeth Tricot ſa femme, demeurant rue du Bouloy, le parain Antoine Richer, Tailleur d'habits, la maraine Charlotte Richer, ſœur dudit parain, le pere abſent.*

Cet extrait nomme le pere, mais il lui donne la fauſſe qualité de mari, & un Acte autentique détruit cette qualité : *Fut preſente Damoiſelle Eliſabeth Tricot, veuve de M. David Bourk, Chevalier, Capitaine de Dragons dans le Regiment de la Reine d'Angleterre, demeurante rue Champ-Fleury, Paroiſſe ſaint Germain l'Auxerrois, laquelle promet & s'oblige de ne faire aucunes pourſuites, procedures, ni diligences, ni de ſe pourvoir par voye civile ni extraordinaire contre le ſieur David-François....* (c'eſt le même que celui de l'extrait du 16 Mai 1704) *Bourgeois de Paris, y demeurant rue S. Honoré paroiſſe S. Euſtache, à ce preſent & acceptant, au ſujet de l'enfant, dont elle eſt enceinte de ſes œuvres, & ce en conſideration de la penſion viagere de 200 liv. qu'il a fait aujourd'hui à ladite Dame, renonçant à toutes actions, demandes & prétentions, dommages & interêts, qu'elle pouroit eſperer contre lui, dont elle le décharge, promettant, obligeant, renonçant. Fait & paſſé à Paris en l'étude de Savigny Notaire l'an 1704 le 2 Avril après midi, & ont ſigné ces preſentes double.*

Le 24 Août 1720, elle a été renfermée à l'Hôpital en vertu d'une Lettre de Cachet, & cet Ordre n'a été décerné que ſur l'avis du Magiſtrat qui avoit les informations faites contre Eliſabeth Tricot entre les mains. Sa probité & ſes lumieres lui inſpirerent contre cette femme les ſentimens de haine & d'horreur, qu'entraîne toujours après ſoi le vice & la corruption

tion: il inftruifit la Cour de ce que contenoient ces informations, & fur fon avis on expedia la Lettre de cachet.

Si elle n'y refta pas longtemps, c'eft une nouvelle preuve de fes intrigues, elle trouva le fecret d'en impofer à ceux qui l'approchoient, elle fit valoir les noms qu'elle avoit deshonorez en les portant. Son âge même & le peu davantage que la nature lui laiffoit, la fervirent, & comme on ne la crut plus dangereufe, on voulut bien la laiffer libre.

Voilà donc une femme proftituée, & l'honneur fi cher aux perfonnes de fon fexe n'eft pas la feule chofe qu'elle ait peu menagée : elle ne s'eft pas montrée plus attentive à remplir les autres devoirs de la focieté.

En 1701 on informe contre elle à la requefte de la Dame de la Rochebillard, dont elle avoit été fervante; elle avoit fervi auffi chez la Dame de la Guette.

La Dame de la Rochebillard avoit dépofé contre elle en 1700, elle lui écrivit en ces termes :

La Rochebillard je t'avertis que tu ayes à aller te dédire & ta p... de femme de chambre & ton voleur de laquais des dépofitions que tu as données contre moi : que ce foit dans demain, autrement je te ferai affaffiner : je te jure que le grand diable m'emportera plutôt que je ne le faffe moi-même. Tu as à faire à moi & à l'homme de la rue Tictonne : profite, fi tu es fage de cet avis, & n'expofe pas ta vie pour te dédire de fauffetez.

La Dame de la Rochebillard rendit fa plainte & par un extrait des regiftres des prifons du grand Châtelet, *il apert que la nommée du Bourk, ou Elifabeth Tricot, femme du Bourk a été conftituée prifonniere & écrouée à la requefte de la Dame de la Rochebillard.*

En la même année 1701 Elifabeth Tricot fe retira chez la Demoifelle Adnet, qui la laiffa pendant quatre mois dans fon appartement meublé; elle trouva à fon retour que l'on avoit enlevé de fa chambre la meilleure partie de fes meubles, hardes & effets; que l'on avoit même forcé & rompu les ferrures de fes coffres, & pris ce qui étoit dedans. Elifabeth Tricot pouvoit être feule coupable de ce vol, elle reconnut en effet qu'elle l'étoit.

Je fouffigné, reconnois que Mademoifelle Adnet m'a laiffé dans fon appartement meublé pendant fon abfence, pendant lequel temps de mon propre mouvement, & fans fa participation j'ai engagé : fçavoir, 1°. (ici c'eft l'énonciation des meubles volez) le tout ce que deffus je m'oblige lui rendre à fa volonté, & me foumettre à tout ce qu'il lui plaira, faute de ce faire par moi à fa premiere requifition, il lui eft permis d'en ufer comme bon lui femblera, même par toutes fortes de voyes extraordinaires, comme étant un fait qu'elle peut traiter comme elle jugera à propos, me foumettant aux rigueurs de la Juftice. Fait à Paris ce 20 Mai 1701. Signé Elifabeth Tricot Bourk.

Après ce que l'on a vû d'Elifabeth Tricot, fi ce trait offre quelque chofe d'étonnant, ce ne peut être que la naïveté de l'aveu.

En 1710, autres informations à la requefte du fieur de Kerouen à l'occafion de billets que ladite Elifabeth Tricot lui avoit fait faire pour 5500 liv. fous prétexte de lui procurer un mariage confiderable, & pour ne pas empêcher qu'il époufât la Demoifelle de Boulainvilliers : elle a fait faire de ces fortes de billets à plufieurs autres perfonnes, & le Marquis de S Efteves lui en a fait un pour pareille caufe de 3000 liv.

B

En 1718, un Arrest contradictoire fournit une nouvelle preuve des avantures & de la conduite dereglée d'Elisabeth Tricot : cet Arrest est rendu sur une procedure extraordinaire contr'elle, faite par M. le President de .... elle avoit formé contre lui sa demande au civil, pour le payement de billets qu'elle avoit fait faire à son fils dont il étoit heritier.

Au lieu de répondre au civil & d'employer contr'elle les moyens de prostitution, de dol, & de séduction dont la preuve auroit certainement operé sa décharge, s'il les eût proposez *excipiendo non agendo* ; il la poursuit au criminel, il se rend son Accusateur, on informe, on la decrete, elle appelle de ce decret, sur l'extraordinaire, les Parties furent mises hors de Cour, & elle prétend que cela doit imposer silence au Marquis de Sainte Foy.

Mais pourquoi M. le President de .... fut-il mis hors de Cour ? c'est qu'il ne proposa pas ces chefs d'accusation par voye d'exception ; il se rendoit Accusateur : or de quel droit le faisoit-il ? c'est pour cela qu'on le mit hors de Cour, mais on lui conserva en même temps ses informations, on les changea en enquestes.

Les chefs d'accusation qu'il proposoit étoient très graves, c'étoit les mêmes que l'on renouvelle aujourd'hui : Elisabeth Tricot avoit demandé par une Requeste du 16 Fevrier 1717, la reparation de ces injures : elle avoit conclu à ce qu'on la renvoyât absoute de cette fausse & calomnieuse accusation, & que l'on condamna son Accusateur à la reconnoître pour femme d'honneur, à lui en donner acte pardevant Notaire, en 50000 liv. d'interests civils, en tous les dépens.

Ces conclusions lui avoient été adjugées par Arrest par défaut : opposition à cet Arrest, on entre dans l'examen des preuves, on déboute Elisabeth Tricot de sa Requeste du 16 Fevrier 1717, on n'ordonne point de réparation, on compense même les dépens. Est-ce ainsi que l'on traite un Calomniateur ? & ne vange t'on pas mieux la vertu injustement accusée ?

Qu'est-ce que prouve cet Arrest ? que l'Accusateur n'avoit point droit de la poursuivre en cette qualité, & c'est pour cela qu'on le condamne en la moitié des dépens ; mais que l'accusation étoit veritable & prouvée, & c'est pour cela qu'on condamne l'Accusée en l'autre moitié des dépens.

Si M. le President de .... eût eu un titre pour se rendre Accusateur, on ne l'auroit pas mis hors de Cour sur l'extraordinaire, mais si les faits n'eussent pas été prouvez, la Demanderesse en réparation n'auroit pas été déboutée de sa demande.

Mais ce que M. le President de .... n'avoit pas dû faire *agendo*, le Marquis de Sainte Foy le peut faire *excipiendo* : car on met une grande difference entre se rendre Accusateur, & proposer une accusation par voye d'exception.

Le fait d'adultere même dont l'accusation est reservée au mari, se reçoit *ad effectus civiles tantùm*, pour annuller un acte, quoiqu'il ne se reçoive pas pour en faire punition, ainsi que le remarquent les Auteurs.

Et cette difference de l'accusation & de l'exception est établie par cette Loy, où l'on permet aux enfans de proposer contre leur peres & meres, en se défendant le crime de faux, ce qu'ils ne peuvent faire en accusant.

Falsi quidem crimen, vel aliud capitale movere vos matri veſtræ, ſecta mea non patitur : ſed ea res pecuniarium compendium non aufert. Si enim de fide Scripturæ unde eadem mater veſtra fidei-commiſſum ſibi vindicat dubitatio eſt : inquiri fides veritatis etiam ſine metu criminis poteſt. c. 19. ad leg. Cornel. tit. 22.

Cet Arreſt ſuffit donc pour établir la verité des faits que l'on opoſe à la P. a. ces faits ſont donc reconnus par cet Arrêt, voilà donc une femme dont le caractere & les artifices ſont invinciblement établis.

Il manqueroit cependant quelque choſe au portrait d'Eliſabet Tricot, ſi l'on obmettoit celui qu'elle en donne elle même dans le récit de ſes avantures, qu'elle a écrite ſous le nom de Roſimene & de Sefarion.

Ce récit n'eſt point un roman, les noms ſeuls y ſont feints : c'eſt un expoſé veritable & naïf de ſes avantures avec le Marquis de Sainte Foy, & l'on peut dire, de ſes artifices ; car comme elle s'y dépeint telle qu'elle veut paroître : quand on l'a une fois démaſquée l'on ſent quel art elle employoit pour ſe montrer ce qu'elle vouloit qu'on la crût, & c'eſt cet art que l'on a intereſt de prouver invinciblement.

L'original de cet écrit eſt adreſſé au Marquis de Sainte Foy ſous ce titre.

Avanture particuliere de l'illuſtre Bretonne, Comteſſe de . . . . . ſous le nom de Roſimene, avec le Marquis de . . . ſous le nom de Sefarion.

Elle y dépeint d'abord les graces de ſon corps, & elle finit le détail de ſes charmes, (cette Hiſtoire eſt cependant de l'année 1720) en diſant :

Qu'elle a encore aſſez de jeuneſſe & de beauté pour fixer tout autre que le volage Sefarion : rien n'égale, ajoûte t elle, la vivacité & la pénetration d'eſprit de Roſimene : elle écrit galament, & a toute la generoſité & la politeſſe que l'on peut deſirer dans une belle ame ; douée de toutes les graces, ce qui fait un aſſemblage de toutes les vertus, elle ſçait toutes les Langues, & les Sciences, & les ouvrages qui conviennent à un Heros plûtôt qu'à une perſonne de ſon ſexe ; car j'ai mille fois entendu dire à toute la Cour, (c'eſt toujours elle qui parle) & aux teſtes Couronnées, que la nature s'étoit trompée en faiſant la belle Roſimene. Voilà en racourci l'Hiſtoire qui flate votre curioſité : ſa naiſſance eſt illuſtre ; ſon grand pere eſt fils naturel du plus grand Prince que la France ait vû naître, & qui a diſputé le Trône à Louis XIV. Sa mere portoit le nom & les armes du troiſiéme Roy de Bretagne : liſez l'hiſtoire de cette Patrie & vous verrez l'illuſtration du ſang de Roſimene, elle appartient à tout ce qu'il y a de meilleur en France, & par ces deux mariages, elle a porté ſon alliance dans vingt Maiſons ſouveraines.

Voilà donc avec qui le Marquis de Sainte Foy a contracté, l'on ſe flate de l'avoir préſenté ſous des couleurs ſi naïves, qu'aucun des traits neceſſaires pour former ſon caractere ne doit avoir échapé, l'on a dépeint ſon eſprit & ſes mœurs, on connoît donc quelles ſont les parties contractées ; & cette connoiſſance apprend qui des deux a pu tromper ou être trompé : il faut examiner la nature du Contrat, on verra ſi vraiſemblablement il eſt le fruit du dol & de la tromperie.

L'Acte dont il s'agit eſt une quittance de contrat de mariage du onze Decembre 1719 ; par cette quittance paſſée pardevant Notaire, le Marquis de Sainte Foy reconnoît avoir reçu 60000 livres de la P. a. en effets tant mobiliers, qu'immobiliers : il ſe charge envers elle de ſes effets,

& la décharge de rapporter l'état defdits effets, fuivant qu'elle s'y étoit engagé par le Contrat de mariage : ce Contrat étoit figné par le pere & par la fœur du Marquis de Sainte Foy : la quittance fe trouve fignée feulement par le Marquis de Sainte Foy, c'eft l'execution de cette quittance qu'Elifabet Tricot demande : le Marquis de Sainte Foy prétend au contraire en faire prononcer la nullité : pour y parvenir il faut examiner ce qui a précedé, ce qui a accompagné, & ce qui a fuivi cette quittance, c'eft ainfi que les Loix apprenent qu'il faut confiderer les contrats, *imprimis quæ præcedunt, vel quæ fequuntur funt fpectanda.*

Le hazard conduifit le Marquis de fainte Foy, âgé pour lors de 27 ans, chez Elifabeth Tricot, cette femme en avoit 55, femblable aux Affyriens qui, aux termes de l'Ecriture, perdoient leur réputation, fi une femme confervoit avec eux fon honneur, elle fe feroit reproché qu'un homme l'eût connu & n'eût pas été trompé.

La jeuneffe & la naiffance du Marquis de fainte Foy, la flatterent, elle feignit de l'aimer, peut-être même l'aima-t-elle : car quoique ces femmes ne fervent pour l'ordinaire de paffions que l'interêt, la nature peut leur infpirer d'autres fentimens, & ce qu'elles croyent faire par habitude, il fe trouve quelquefois qu'elles le font par goût.

Cet amour ferieux ou feint, c'étoit la même chofe pour Elifabeth Tricot : cet amour fit fon effet, careffes feduifantes, efperances flateufes, charmes trompeurs, tout eft mis en ufage de fa part & tout réuffit, il n'en falloit pas tant, pour féduire le Marquis de fainte Foy. Son peu d'experience, fa probité même le rendoient fufceptibles de toutes les impreffions : car il faut avoir été trompé pour apprehender de l'être, & l'on ne fe met pas aifément en garde contre des artifices dont on ne fe fent pas foi-même capable.

Son cœur étoit flatté de cette paffion : car il fuffit d'aimer ; ce ne font pas les charmes de ce que l'on aime qui augmentent l'amour, fon interêt paroiffoit fatisfait, elle l'avoit fçû éblouir d'efperances chimeriques, fon honneur même n'avoit rien à defirer. Elle lui en avoit impofé fur fa naiffance & fur fes alliances. *Elle n'avoit*, difoit-elle, *que quatre Maifons en France, où elle pût en y portant fon alliance trouver de quoi contenter fon ambition.*

Le Marquis de fainte Foy fe laiffa furprendre par ces defirs flatteurs. Son pere même trop facile à fe prêter à cette malheureufe alliance, hâta fa perte : le Contrat de mariage fut figné, entre autres claufes : *Les Sieurs & Dame futurs époux promettent fe prendre aux biens & droits à eux acquis & qui leur appartiennent. Ceux de la Dame future époufe confiftans en la fomme de 60000 livres en meubles meublans & effets à elle apartenans, & qu'elle promet apporter & fournir audit fieur futur époux fuivant l'état & inventaire, qui en fera fait à l'amiable entre lefdits Sieur & Dame futurs époux, & fera apporté à M^e le Meignen Notaire fouffigné, pour être par lui annexé à la minute des prefentes.*

Ce Contrat paffé le 27 Novembre 1719, eft figné par le pere & par la fœur du Marquis de fainte Foy. Le 11 Decembre de la même année 1719. Elifabeth Tricot invite le Marquis de fainte Foy à fouper, le Maître Clerc du Notaire eft de la fête : on fe met à table, & afin que la partie fût complette, & que la bonne intelligence, & les carreffes des

futurs

futurs époux ne laiſſaſſent pas ce Maître Clerc dans l'ennui, on aſſocia à cette table la nommée Gabrielle, pour lors femme de chambre d'Eliſabeth Tricot.

La joye fut parfaite, ces quatre convives s'y livrerent entierement, Eliſabeth Tricot ne ménagea ni ſes carreſſes ni les artifices; le repas fini, elle propoſe au Marquis de ſainte Foy de quittancer le Contrat de mariage; la circonſtance étoit trop favorable, il ne pouvoit rien refuſer.

Le maître Clerc avoit la minute du Contrat, car ce repas n'avoit point été donné au hazard: c'eſt à lui que le Marquis de ſainte Foy s'en rapporte, il dit qu'il fera tout ce qu'il jugera à propos, & ils n'étoient gueres en état tous d'examiner ce qu'ils devoient faire; le Maître Clerc écrit, le Marquis de ſainte Foy ſigne, & qu'eſt-ce qu'il ſigne?

Qu'après avoir pris connoiſſance & communication de l'état des biens & effets tant mobiliers qu'immobiliers de ladite Dame Comteſſe de Vaudrets ſa future épouſe y dénommée, leſquels par ledit état ſe ſont trouvez monter à ladite ſomme de 60000 l. qu'elle s'étoit obligée de rapporter audit ſieur futur époux par ſon Contrat, il a reconnu avoir en ſa poſſeſſion leſdits effets montans à ladite ſomme de 60000 liv. que ladite Dame lui a cejourd'hui fourni, ainſi qu'elle l'avoit promis par ſon Contrat, contenus au memoire particulier fait entre eux à l'amiable, dont du tout ledit ſieur Marquis de ſainte Foy s'eſt contenté, & a quitté & acquitte ladite Dame, & s'eſt chargé envers elle & la décharge de rapporter l'état deſdits effets, ſuivant qu'elle s'y étoit engagée par le ſuſdit Contrat. Fait & paſſé à Paris en la demeure de ladite Dame de Vaudrets leſdits jours & an, & a ſigné la minute des preſentes, étant en marge de celle dudit Contrat.

Le Maître Clerc ne put cependant écrire cette quittance avec une parfaite ſecurité: il s'arrêta au milieu de cet Acte, & dit: *Ne me faites pas faire une affaire comme celle-ci, ſi vous ne vous mariez demain:* ils lui promirent de ſe marier le lendemain.

C'eſt un fait que l'on eſpere qu'aura dépoſé dans l'information faite à la Requeſte du pere du Marquis de ſainte Foy, la femme qui remplaçoit la femme de chambre, & qui les ſervoit à table.

En effet quelques jours après ils furent à ſaint Sulpice pour ſe fiancer; il ſe trouva une oppoſition au mariage: Eliſabeth Tricot que le moindre retardement allarmoit, cria beaucoup, elle s'emporta; les Prêtres de Saint Sulpice toujours attentifs à remplir leurs devoirs, profiterent de ces mouvemens, pour avertir le Marquis de ſainte Foy qu'il alloit ſe perdre; ils lui dirent que leur caractere leur impoſoit ſilence, mais qu'il eût à s'informer des mœurs d'Eliſabeth Tricot: on lui indiqua même les perſonnes qui pourroient l'inſtruire: il ſuivit cet avis, & il apprit les faits que l'on vient d'expoſer.

Son amour & ſes ſentimens favorables pour cette femme s'évanouirent bientôt: éfrayé du danger qu'il avoit couru, il ne penſa qu'aux moyens de s'y ſouſtraire; mais plus on l'avoit trompé avec adreſſe, & plus il trouvoit de difficulté à ſe débaraſſer: ſon propre interêt demandoit des ménagemens, l'éclat auroit été dangereux, & il étoit trop engagé pour rompre dans l'inſtant.

La ſanté de ſa ſœur lui donnoit de nouvelles inquiétudes, elle étoit dangereuſement malade chez la P. a. il falloit attendre ſa gueriſon.

Elisabeth Tricot cependant avoit fait lever l'opposition, elle vouloit conclure : comment l'amuser ? il fallut avoir recours a quelque prétexte, & si celui que le Marquis de Sainte Foy imagina, ne fût pas le plus honeste, du moins se trouva-t-il le plus certain : il feignit une maladie, une maladie qui devoit ralentir l'empressement d'Elisabeth Tricot, sous ce prétexte il se dispensoit de la voir, il laissoit à sa sœur le temps de rétablir sa santé, & il se ménagoit même un moyen pour porter la P. a. à une rupture volontaire.

Elle la craignit cette rupture, & quoiqu'elle dise quelle n'a pas voulu épouser le Marquis de Sainte Foy, dès qu'elle a sçu sa maladie, ses lettres prouvent depuis ce temps, le redoublement de ses caresses & de ses artifices, on en a vingt du même stile, & où l'on reconnoît le même art, il suffit d'en presenter une.

Ah ! Seigneur, vous enfoncez un poignard dans le sein d'une épouse, qui vous adore, & qui ne sçauroit survivre à votre perte, le cœur me manque, & la plume me tombe de la main, les larmes m'aveuglent, & l'impitoyable mort ne vient point à mon secours pour mettre fin à un desespoir que je porterai au-delà du tombeau. Juste ciel ! quel monstre jaloux de notre felicité vient nous arracher l'un à l'autre aux pieds de l'Autel ? à quoi me reservez-vous, grand Dieu ! Est-ce un crime d'aimer le plus aimable des maris ? c'est dans les grands malheurs, mon tendre époux, que l'on connoît les grands courages, ne vous laissez donc pas abattre, mon genereux époux, & suportez vos peines en Heros digne du sang illustre de votre race, faites une bonne application de vos souffrances, la molle jeunesse se laisse prendre aux attraits de Venus ; fuyez à l'avenir cette Déesse libertine, & suivez la sage Minerve : ô mon cher Telemaque, quelle joye pour mon cœur de vous servir toute ma vie de Mentor ! ne songez mon cher fils, qu'à votre guerison, comptez que je m'oublirai moi-même où votre gloire sera interressée, après l'engagement solemnel que j'ai avec vous, je ne serai jamais à d'autres, consolez-vous par les assurances que je vous donne, qu'en quelqu'état que vous soyez, & que je me trouve, je ne vous abandonnerai jamais, dûssai-je mandier des Emplois dignes de votre naissance dans toutes les Cours de l'Europe; je suis si foible que je meure cent fois le jour & la nuit, j'ai trop fait pour vous, mon cher mari, pour ne plus rien faire: si je vous suis encore chere, conservez-moi votre foi, je me croirois sacrilege de penser un instant qu'il y a un autre homme que vous dans le monde, ne craignez ni reproches, ni changement de ma part, la nature s'est trompée en me faisant ; mais malgré mon sexe elle m'a laissée une ame au dessus du vulgaire, la fortune lasse de nous persécuter pourra enfin se déclarer en notre faveur, rien ne sçauroit ébranler ma constance, mon cher cœur, ni ma fermeté sur tout ce qui vous interresse ; au nom de l'Hymen qui nous alloit unir pour toujours, autant que vous pourrez écrire donnez-moi un mot de votre main, c'est ma seule consolation, ou faites écrire par quelqu'un, si ma vie vous est chere : l'inquiétude de ne vous point voir, ni sçavoir où vous estes, abrege mes jours, mandez-moi que vous m'aimez toujours, que je vous trouverai toujours fidele, & je sçaurai avec cette assurance trouver ma ressource dans ma vertu. Je vous embrasse mille fois, mon cher époux, & suis très respectueusement votre femme selon Dieu & le monde. DE VAUDRETS.

Le Marquis de Sainte Foy étoit trop instruit, il ne pouvoit être trompé, il persiste à demander la rupture, elle l'accable de lettres, & la plûpart de ces lettres qui sont reconnues, concourent à prouver la nullité de cet acte : *Je sçai,* dit-elle dans une de ces lettres, *que je suis maîtresse de votre perte, mais vous me trouverez toujours prête à vous faire grace quand vous vous livrerez avec confiance; je conviens que je suis genereuse amie, & quand on me veut deshonorer, dangereuse ennemie.*

 Dans aucune de ces lettres elle ne parle de ces 60000 l. qu'elle prétend aujourd'hui avoir donnez, quoiqu'elle n'oublie pas ses interests, & que ç'en fut là un assez considerable : *Songez serieusement à me rendre ce qui m'est dû, il y a plus de 2500 liv. tant pour vous que ce que vous avez donné à votre famille, & vous m'avez laissé très impitoyablement sans un sol.*

Elle demande donc ce qui lui est dû, & qu'est-ce qu'elle demande ? sont-ce les 60000 livres ? c'est 2500 liv.

L'histoire de Rosimene & de Sefarion entre dans le détail le plus exact de tout ce qui se passa après cette rupture, tout y est marqué, elle n'y épargne point les reproches, elle compte jusqu'aux services chimeriques qu'elle prétendoit rendre, elle se répand en invectives, elle atteste tous les Dieux : *Dieu vangeur des parjures, dit-elle, que mille malheurs accompagnent les pas d'un détestable époux qui viole sa foy :* elle se plaint du dérangement de sa fortune, & elle ne dit pas un mot des 60000 liv.

Mais veut-on sçavoir quels effets composoient ces 60000 liv. qu'elle avoit promis apporter, & dont elle a sçû tirer quittance, elle l'apprend elle même dans une de ses lettres.

J'ai donné pour l'agrément, (elle parle d'un bâton d'Exempt qu'elle avoit promise au Marquis de Sainte Foy) *la démission de ma pension de 1200* livres (c'est une pension que l'on donna au sieur de Vaudrets à son retour de Siam, & que la veuve n'a jamais touché) *quand je ne vivrois que vingt ans, à mon âge c'est vingt-quatre mille francs, & six mille livres d'arrerages* (qui lui étoient dûs, à ce qu'elle prétendoit, depuis la mort du sieur de Vaudrets, car on ne lui en a jamais rien payé) *si je vis 40, c'est 54000 liv. pour plus de 15000 liv. de meubles, nipes & vaisselle d'argent, voilà 69000 liv.* (les meubles & la vaisselle d'argent n'avoient pas plus de réalité) *sans compter mes autres biens; & mes droits en Angleterre, que je vous donne comme une feuille de chêne.*

Voilà donc ce qui forme ces 60000 liv. dont on demande aujourd'hui la restitution, la démission d'une pension qui n'avoit jamais été ni dûe, ni payée; l'esperance d'une femme de 55 ans de vivre encore 40, pour 15000 liv. de meubles, les siens pouvoient bien valoir cent pistoles, & ses droits sur les états de son premier mari.

Les efforts d'Elisabeth Tricot furent inutiles, & comme ils prouverent au Marquis de Sainte Foy qu'elle ne viendroit pas à une rupture volontaire, il pensa aux mesures necessaires pour anéantir cette obligation.

Sa premiere démarche fut de presenter sa Requeste au Juge, tendante à ce qu'on lui donnât acte de sa plainte, & à l'effet de constater l'état de la minute du Contrat de mariage & de la quittance : cette Requeste est du 12 Mars 1720.

La minute du Contrat se trouva absolument imparfaite : on y voit des ratures que ni les Parties, ni les Notaires n'ont approuvez, des renvois approuvez par les Parties, & non par les Notaires, d'autres ratures approuvées par les Notaires, & non par les Parties ; la quittance qui fait le titre d'Elisabeth Tricot, offre les mêmes défectuositez.

Avant que de presenter cette Requeste du 12 Mars 1720, deux amis du Marquis de Sainte Foy furent chez le Notaire qui avoit passé le Contrat, ils demanderent à en voir la minute, on la leur montra, & ils trouverent la quittance non signée d'aucuns Notaires ; ils en marquerent leur surprise au Maître Clerc, qui étoit le même que celui du repas, le Maître Clerc leur répondit que cette quittance n'étoit point signée, parceque les effets n'avoient point été délivrez, & que cette affaire ne convenoit point au Marquis de Sainte Foy.

C'est Me Doucot, Avocat au Conseil, & le sieur du Lizord Chevalier de S. Louis, qui déposent ce fait.

Elisabeth Tricot perdit tout esperance, & dès-lors elle ne crut plus devoir garder de ménagement, elle forma sa demande afin de restitution des 60000 liv. qu'elle prétend avoir fournis : elle conclud en dommages & interests : c'est cette demande qui a donné lieu aux lettres de rescision, dont on espere aujourd'hui l'enterinement.

Tels sont les faits qui ont precedé, qui ont accompagné, & qui ont suivi cet acte ; telle est la nature de cette quittance, & ces circonstances seules, suffiroient à la décision de cette Cause, elles prouvent invinciblement que cet acte est le fruit du dol & de la tromperie, & la discution des personnes contractantes ayant appris qui des deux a dû tromper ou été trompé, la condamnation d'Elisabeth Tricot ne sçauroit être douteuse.

Mais ces moyens que la raison fournit, on les peut soutenir des principes les plus certains que nous offrent les Loix, elles combatent également en faveur du Marquis de Sainte Foy, c'est en les suivant que l'on va prouver premierement, que cet acte n'est point une quittance, qu'il ne sçauroit être regardé que comme une donation, & une donation faite *turpi personæ*, & dès-lors nul. 2°. Que quand ce seroit une quittance elle seroit absolument vicieuse ; qu'il n'y a point de réelle numeration, que c'est une contre-lettre ; enfin que sous quelque titre que cet acte se presente, il ne sçauroit se soustraire au caractere marqué de dol & de tromperie, & par consequent qu'il ne peut avoir d'execution.

Ce n'est point le nom que l'on donne à l'acte qui constitue sa qualité, qui établit son caractere ; ce nom dépend toujours des Parties contractantes, & elles peuvent se laisser tromper, ou même vouloir être trompées : c'est l'effet réel de l'acte qu'il faut considerer, on ne doit pas faire attention à ce que l'on dit dans les Contrats, mais à ce que l'on y fait.

Du Moulin tom. 2. p. 164.   *In contractibus magis attenditur, quod fit, quàm quod simulatè concipitur ; non nomen, sed effectus contractus inspicitur*, dit Me du Moulin.

L. 6. §. 1. ff. de cont. except.   *Potius id quod actum, quàm id quod dictum sit, sequendum est*, dit la Loi.

L. 7. in f. ff. de supell. leg.   *Prior atque potentior est, quàm vox, meus dicentis*, dit une autre Loi.

Et c'est la Jurisprudence des Arrests ; on regarde aussi comme un principe certain que toute reconnoissance d'avoir reçû de personnes à qui l'on ne sçauroit donner, est un avantage indirect, que *fraus sit de contractu ad contractum*, qu'il faut regarder, *non quod scriptum est, sed quod gestum est*, que *plus valere quod agitur quàm quod simulatè concipitur* ; & tous les Docteurs établissent que *præsumitur concessio debiti in personas donationis incapaces fraudulenta*.

L'Arrest

L'Arreſt d'Aubigny de 1665, rapporté au 2. tome du Journal des Audeinces, déclare frauduleux un Contrat de vente, portant même numeration de deniers, & un bail à rente d'un Maître à ſa Concubine.

Par Arreſt du 22 Aouſt 1674, en la premiere Chambre des Enqueſtes, au rapport de M. de la Briſſe, deux Contrats de conſtitution, l'un de 1200 liv. de principal, & l'autre de 700 liv. faits au profit de défunte Vincente Bouſerie, par défunt Claude du Chaffault, ſieur de la Senardiere, & une adjudication par decret d'une Maiſon ſiſe à Montaigu, moyennant 1790 liv. conçûe ſous le nom de la même Vincente Bouſerie, ces Contrats furent déclarez nuls.

On prouvoit que cette femme avoit vêcu en débauches avec le ſieur de la Senardiere, & cette preuve fit regarder ces Contrats comme une donation faire *turpi perſonæ*.

Il ne ſuffit donc pas d'avoir à la main des Actes paſſez pardevant Notaires, ce ne ſont pas toujours des titres reſpectables, & que l'on ne puiſſe attaquer avec ſuccès. Voilà des Contrats ſolemnels on ne leur oppoſoit rien dans la forme, ils furent cependant declarez nuls.

On ne s'en tient pas même aux termes de l'Acte, on paſſe juſqu'à ſon effet : ce n'eſt pas ce que l'on dit avoir fait dans l'Acte qui détermine, c'eſt ce qui eſt prouvé avoir été réellement fait ; ces Contrats paroiſſoient des Contrats de conſtitution, on jugea qu'ils étoient des donations.

Il reſte donc à prouver que l'Acte qui fait le titre d'Eliſabeth Tricot, & que l'on preſente ſous le nom de quittance, eſt une pure donation : il eſt certain que cette preuve s'admet, & les Loix & les Arreſts qui conſtatent ce principe annoncent en même temps ſon ſuccès : ces donations ſont toujours declarées nulles.

Or pour parvenir à cette preuve que faut-il conſiderer ? Ce que c'eſt qu'une quittance, & ſi les qualitez eſſentielles à la quittance, ſe trouvent dans l'Acte dont il s'agit.

Une quittance n'eſt autre choſe qu'une reconnoiſſance d'avoir reçû ce que l'on a réellement reçu : il faut donc pour que la quittance ſe ſoutienne que l'on ne puiſſe pas prouver que l'on n'a rien reçu.

Mais c'eſt cette preuve même que l'Ordonnance défend, & au préjudice de ſes diſpoſitions on veut introduire contre un Acte une preuve teſtimoniale. Tel eſt le premier argument qu'employe en ſa faveur Eliſabeth Tricot.

Cette objection ſe détruit aiſément, deux moyens l'anéantiſſent ſans reſſource.

L'Ordonnance n'admet pas la preuve teſtimoniale contre un Acte. Voilà le principe general : le caractere des Parties contractantes, celui d'Avanturiere & de Femme proſtituée invinciblement établi dans Eliſabeth Tricot en fait l'exception : car tels ſont les engagemens que l'on prend avec ces ſortes de femmes, ils portent toujours avec eux le ſoupçon de la fraude : en vain produiſent-elles des reconnoiſſances, elles ſont toujours ſoumiſes à la preuve, & comme on ne leur peut donner, on ne ſçauroit reconnoître avoir reçû d'elles.

La nommée Fontenu avoit un billet du ſieur Ageron, payable à ordre, de la ſomme de 200000 l. tournois, pour valeur reçue comptant, le ſieur

Ageron étoit majeur, elle lui demande le payement de ce billet; il soutient qu'il n'a jamais reçu cette valeur, que la Fontenu est une Avanturiere qui l'a trompé, il demande à en faire preuve. Cette femme allegue en sa faveur l'Ordonnance, elle oppose au sieur Ageron sa majorité, ainsi que le fait Elisabeth Tricot, & l'on ose dire même avec plus d'avantage: car alors la Fontenu n'étoit pas encore notée. Par Arrest du 9 Août 1721, on permet cependant la preuve.

Et sans chercher des autoritez dans des especes étrangeres, Elisabeth Tricot demande à M. le Président de.... le payement de plusieurs billets faits par son fils. M. le Président de... convient que ces billets ont été faits, ainsi que le Marquis de sainte Foy avoue sa reconnoiffance; mais il prétend que la somme reconnue n'a jamais été donnée: il commence sa preuve par la voye extraordinaire, on le met hors de Cour sur l'extraordinaire, parceque ces faits de proftitution & de dol, c'étoit *excipiendo* qu'il les falloit propofer non pas *agendo*, mais on lui conferve sa preuve, on n'anéantit pas fes informations, *on renvoye les Parties pardevant le Lieutenant Civil du Châtelet, pour y proceder à fins civiles fur la demande formée pardevant ledit Juge le 21 Octobre 1716 par ladite Tricot de Vaudrets, & à cette fin on convertit les informations faites à la requefte dud.... en Enquefte, on lui permet de continuer fa preuve par enquefte.*

Elisabeth Tricot oppofoit cependant à M. le Président de...l'Ordonnance qui défend toute preuve contre & outre le contenu aux actes, elle faifoit valoir auffi la majorité; mais fon caractere prouvé d'Avanturiere & & de Femme proftituée, en la faifant débouter de fa demande en reparation, & condamner en la moitié des dépens, a foumis fes Actes à la preuve.

C'eft donc une chofe jugée; tout Acte paffé avec Elisabeth Tricot eft fujet à la preuve. L'Arreft du 2 Septembre 1718, le prononce. Tout ce que l'on a dit contre la preuve teftimoniale, les moyens que l'on prétend tirer de l'Ordonnance, font donc anéantis, cet Arreft les écarte.

Et quand la P. a. ne feroit pas une avanturiere & une femme proftituée, quand on pouroit rendre à Elisabeth Tricot l'honneur & la probité, l'Ordonnance ne lui fourniroit pas un moyen plus victorieux.

La preuve teftimoniale n'eft profcrite que lorfqu'il n'y a point de commencement de preuve par écrit du fait articulé contre la teneur de l'Acte: or dans cette efpece les lettres d'Elisabeth Tricot fourniffent un commencement de preuve par écrit, l'Acte même en offre une complette; on a déja rapporté fes lettres, il ne refte qu'à difcuter l'Acte.

Cette reconnoiffance, dont on demande le payement, eft une reconnoiffance d'effets mobiliers & immobiliers, fi le Marquis de sainte Foy prouve qu'on ne lui a pas donné d'immobiliers: Elisabeth Tricot fera-t-elle favorable à demander la reftitution des mobiliers? la preuve de la fauffeté d'une partie de cet Acte ne laiffera pas fubfifter l'autre: on ne peut divifer cet Acte, & en convenant qu'il eft faux dans l'une de fes parties, foutenir qu'il eft vrai dans l'autre.

Cet Acte prétes des armes au Marquis de sainte Foy, ainfi qu'à Elisabeth Tricot: on ne fçauroit l'employer contre lui, qu'il ne puiffe s'en fervir en fa faveur, c'eft le titre commun des Parties: & fi on l'oppofe pour prouver que le Marquis de sainte Foy a reçu, il peut l'employer avec un égal succès, pour prouver qu'il n'a pas reçu.

Or l'Acte prouve que ce sont des effets immobiliers, qu'il faut que l'on ait reçu, pour que l'engagement soit serieux, puisque c'est une reconnoissance d'effets immobiliers.

On ne peut diviser ce titre & soutenir que le Marquis de sainte Foy a reçu 60000 liv. que l'on ne soutienne qu'il en a reçu une partie en effets immobiliers, puisque l'Acte par lequel on prétend prouver qu'il les a reçus, prouve que c'est en effets immobiliers qu'il en a reçu une partie.

On ne sçauroit soutenir cet Acte qu'on ne le soutienne dans son entier, tout ce qu'Elisabeth Tricot dit en faveur de la totalité de l'Acte, le Marquis de sainte Foy l'adopte pour cette partie de l'Acte, pour cette indication d'immeubles : ce qu'elle dit en faveur des Actes passez pardevant Notaires, pour empêcher la preuve, il l'employe pour faire valoir la preuve.

Les Actes passez pardevant Notaires sont des titres respectables, tout ce qu'ils contiennent doit passer pour vrai, ils ne sont point soûmis à la preuve testimoniale, encore moins aux raisonnemens : *statur instrumenta & ei creditur.*

Or voici un Acte passé pardevant Notaires, qui constate que le Marquis de sainte Foy a donné une reconnoissance d'immeubles : on ne peut donc pas dire que ce ne sont pas des immeubles, que les Parties se sont trompées dans la qualification des effets : *Statur instrumento & ei creditur.* Il faut donc prouver que l'on a donné des immeubles, & le défaut de preuve d'en avoir donné, est une preuve invincible que l'on n'en a pas reçu.

La facilité même de cette preuve, en rend le défaut une preuve plus frappante, il faut que le Marquis de sainte Foy ait reçu des effets immobiliers pour qu'on puisse lui demander 60000 liv. mais les effets immobiliers ne disparoissent pas, ce ne sont point des effets fugitifs, il est facile de les indiquer : le défaut d'indication prouve donc le défaut de délivrance, l'Acte même porte donc avec soi la démonstration de sa nullité : l'Acte est donc nul, puisqu'il renferme une fausse reconnoissance ; on ne sçauroit en esperer l'execution.

Or comment prouve-t-on que le Marquis de Sainte Foy a reçu des immeubles ? on rapporte une quittance d'un contrat sur l'Hôtel de Ville de 31 liv. de rente. Certes l'effet est considerable pour l'employer dans le payement d'une somme de 60000 liv. mais Elizabeth Tricot prouve-t-elle qu'elle ait donné cette quittance ? on nie précisement qu'on l'ait reçû. D'ailleurs cette quittance étoit-elle un immeuble ?

Elle est du 10 Octobre 1719. Elizabeth Tricot prétend l'avoir donné le 11 Decembre 1719 ; ce n'est point un contrat, qu'elle prétend avoir donné, c'est une quittance de contrat. Quelle action donnoit cette quittance ? une action pour recevoir des recepissez, qui ont toujours été des meubles, & qui ne pouvoient pas même devenir des immeubles pour le Marquis de Sainte Foy. Reflexion importante. Il ne pouvoit pas laisser ces recepissez à l'Hôtel de Ville, & faire faire un nouveau contrat en son nom. Il lui auroit fallu pour cela un transport de la P. A. il auroit même été obligé de prendre des lettres en Chancellerie.

Il n'auroit donc pû avec cette quittance que recevoir des recepissez ; cette quittance ne lui auroit donc donné que des meubles : ces effets provenoient à la verité d'immeubles ; mais ils avoient changé de nature, l'immeuble étoit aneanti : par la quittance le Débiteur étoit dégagé, & ce que son engagement rendoit immeuble, étoit devenu meuble.

L'action que le Marquis de Sainte Foy auroit eu, quoiqu'elle fût provenu d'immeubles, n'auroit cependant été que pour avoir des meubles, & par consequent n'auroit été elle même qu'un meuble. *Jura, actiones, & nomina naturam induunt sui objecti : quare si tendunt ad rem mobilem consequendam habentur mobilia.* Les mineurs seuls sont exceptez de cette regle, leurs immeubles ne peuvent changer de nature : mais on ne croit pas qu'Elizabeth Tricot implore les privileges de la minorité.

Il lui reste donc toujours à indiquer quels immeubles elle a donnez ; & tant qu'elle ne le fera pas, elle ne peut attendre l'execution de cet Acte ; il porte avec soi, on le repete, la démonstration de sa nullité, & par consequent du mauvais usage que l'on voudroit faire de la disposition des Ordonnances du Royaume, qui loin de favoriser de pareilles prétentions, réprouvent ces obligations qui sont sans cause, & que les Loix proscrivent.

Ce n'est donc pas seulement un commencement de preuve par écrit, c'est une preuve parfaite, entiere ; on n'a donc plus besoin de la preuve testimoniale, ou du moins faut-il convenir, que se presentant, comme elle fait dans cette espece on ne la peut refuser.

Or cette preuve testimoniale, ne l'a t-on pas complete ? la déposition de cette Femme, qui constate que cette quittance a été donnée après le repas, que le Me Clerc qui l'écrivoit dit aux futurs époux. *Au moins ne me faites pas faire une affaire comme celle-ci, si vous ne vous mariez demain.* Ces deux personnes qui attestent que deux mois après, la quittance n'étoit signée d'aucuns Notaires, que le Me Clerc leur a dit *que les effets n'avoient point été délivrez.*

Et que l'on joigne à ces preuves victorieuses une reflexion bien simple, Elizabeth Tricot a donné à ce qu'elle prétend 60000 liv. croira-t-on qu'elle les ait donné sans en faire faire un emploi ? où étoit sa sûreté ? quels biens avoit-elle hipotequez à ces 60000 liv. qui lui en garantissoit la conservation ?

Elle reproche au Marquis de Sainte Foy qu'il n'a pas un sol. *M. de... me conseille, lui écrit-elle de me separer de biens de vous, & en même temps disoit que c'étoit vous deshonnorer, ou vous obliger à me donner des terres pour ma dot & mon douaire. O mon cher mary, où les prendrez-vous ?*

Quoique je ne vous voye pas un sol à present, dit-elle, dans une autre lettre.

Elle croit donc que le Marquis de Sainte Foy n'a rien : & elle est tranquile sur ces 60000 liv. dont elle n'a fait faire aucun emploi ; elle l'accable de reproches, elle lui vante jusqu'aux bienfaits chimeriques, & elle oublie ces 60000 liv.

Ce n'est pas que cette quittance eût échapé à sa memoire : elle ne lui étoit que trop presente : mais elle vouloit alors renouer le mariage ; elle n'avoit garde de rappeller ce prétendu payement, il n'auroit servi qu'à éloigner le Marquis de Sainte-Foy. Dès

Dès que l'affaire lui a paru manquée sans retour, ses vûes ont changées ; mais quelque prévenu que l'on soit en faveur de l'autenticité des actes passez par devant Notaires : se persuadera-t-on après ces preuves, que cet acte soit une reconnoiffance d'une somme réellement reçue ? Croira-t-on qu'Elisabeth Tricot, & que l'on se présente ce nom dans toute son étendue, qu'Elisabeth Tricot ait eu 60000 liv. qu'elle les ait donnez au Marquis de Sainte-Foy.

Or, si ce n'est point une reconnoiffance d'une somme réellement reçûe, ce n'est donc point une quittance ; car ce n'est pas le nom, c'est l'effet réel de l'acte qui le caracterise. *Non nomen, sed effectus contractus inspicitur.* Mais si ce n'est point une quittance, c'est donc une donation ; & sous ce titre, sera-t-il plus difficile de prouver la nullité de cet acte ? Le caractere d'Elisabeth Tricot, ses avantures présentent cet acte regardé comme donation, sous des vûes peu favorables, c'est une donation faite *turpi persona.*

On a interdit les donations d'un malade à son Medecin, d'un disciple à son Maître, d'un penitent à son Directeur : pourquoi ? A cause de l'autorité que l'emploi & le ministere des uns, leur donne sur les autres. Mais le pouvoir d'une femme artificieuse est-il moins grand sur celui qu'elle a séduit ? Les premiers peuvent se rendre maîtres de l'esprit. Celle ci soumet entierement le cœur, & les paffions du cœur sont plus dangereuses que l'aveuglement de l'esprit.

Supplications, prieres, proteftations, fermens : que d'affauts ne livrent elles pas à notre foibleffe ? Elles attaquent, elles pourfuivent, elles preffent : Peut-on leur refifter ? Elles employent la flaterie, elles ont recours au menfonge. Pour établir leur empire, elles se rendent volontairement efclaves : elles se transforment, elles se changent : & il n'est point de baffeffes indignes de perfonnes libres, qui ne leur paroiffent dignes de leur paffion.

Auffi le fage Solon, & c'eft Me Jean Marie Ricard qui fournit ce trait, Solon ne mettoit aucune difference entre être forcé par des voyes de fait, & féduit par des careffes : il failoit marcher d'un pas égal la fraude & la force, la volupté & la douleur : l'une & l'autre de ces paffions concoure également à éloigner l'homme de la droite raifon.

Toute donation de cette nature est donc nulle ; les Arrefts se prefentent en foule pour établir leur profcription.

Elifabeth Tricot convient de ces principes : mais elle prétend, *Que pour les employer contre elle avec succès, il faudroit prouver son commerce avec le Marquis de Sainte-Foy : elle dit, que les Arrefts qu'on lui opose ont été rendus dans des efpeces où le commerce étoit prouvé entre les perfonnes contractantes, que ses débauches avec les autres n'ont pû l'empêcher de contracter avec le Marquis de Sainte-Foy : elle ajoute, que son mariage avec le sieur de Vaudrets a couvert toutes les procedures anterieures.*

Elifabeth Tricot convient donc qu'avant son mariage, elle étoit *turpis persona* : qu'en 1704 elle étoit une avanturiere & une femme proftituée. Le Marquis de Sainte Foy avoue à son tour, que le mariage de la P. a. avec le sieur de Vaudrets a couvert toutes les procedures anterieures : mais il foutient qu'il n'a pû anéantir les crimes. Le mari s'est chargé, il est vrai, de ses iniquitez ; mais il ne lui a pas rendu son innocence : elle

s'eſt ſouſtrait par ce mariage à la punition : elle ne peut du moins évi-
ter le reproche. Ce mariage empêche qu'on puiſſe l'attaquer, *agendo*. Il
laiſſe la liberté de lui oppoſer ſes crimes, *excipiendo*. Et c'eſt après ce mariage que l'Arreſt du 2 Septembre 1718 permet la preuve de ſa proſtitution & de ſes fourberies.

Eliſabeth Tricot, même après ſon mariage, eſt du nombre des perſonnes *quos infamia ab honeſtorum cœtu ſegregat :* & elle n'a pas ſeulement
contr'elle la preuve de fait, la dépoſition des Témoins, la notorieté
publique, ce qui ſuffit, ſelon l'avis de Jean Faber, pour conſtater la turpitude d'une perſonne. *Turpis perſona dici poteſt, in quam nulla condemnationis
ſententia ;* mais elle eſt encore, *notata per Sententiam*, qui eſt la preuve la
plus évidente & la plus certaine, qu'exigent les Docteurs : elle eſt deſ-
honorée par une tranſaction même qui tient lieu d'un jugement.

Elle eſt donc *turpis perſona*, on ne lui peut donc donner : car toutes les
donations *turpi perſonæ* ſont proſcrites. Autrefois même on pouvoit donner aux Concubines, & non à ce que l'on appelle *turpis perſona*. Il ſe
trouve encore des Coutumes, comme celle de Poitou, qui n'interdiſent
point les donations aux Concubines, elles permettent de donner à toutes ſortes de perſonnes : *ſed in generali iſto ſtatuti ſermone, turpis perſona non intelligitur*, diſent les Commentateurs.

Il eſt vrai que la plûpart des Arreſts ſont dans l'eſpece d'un commerce
prouvé, & cette eſpece eſt la plus ordinaire, car on ne prend gueres
d'engagement avec ces ſortes de femmes, que ce ne ſoit la corruption
& la débauche qui les forme ; mais il ſuffit que l'on ſoit notée, pour ne
pouvoir profiter d'une donation.

D'ailleurs pour ſatisfaire pleinement Eliſabeth Tricot, & pour mettre ſa turpitude dans tout ſon jour, ſeroit-il difficile de prouver ſon commerce avec le Marquis de Saint Foy ? elle n'en demande pas ſans doute
des preuves claires & évidentes, la honte inſéparable de ce crime enga-
ge les criminels à chercher les tenebres, ils évitent ſoigneuſement la
préſence des témoins, *adulterium eſt duorum*, auſſi ne faut-il que des préſomptions, *ubicumque eſt igitur fornicatio, vel fornicationis ſuſpicio, liberè uxor
dimittetur.*

Et ces préſomptions, la conduite d'Eliſabeth Tricot ne les offre-t-elle
pas ? elle a vécu en commerce de débauches avec tous ceux qui ont bien
voulu s'y prêter, ſes Lettres prouvent l'amour qu'elle avoit, ou qu'elle
feignoit d'avoir pour le Marquis de Sainte Foy, pourquoi ne lui auroit-
elle pas accordé des faveurs qu'elle n'avoit jamais ſçû refuſer ?

Mais ſes Lettres ne preſentent-elles pas des preuves complettes de ce
commerce ? un petit Anglois dont elle parle dans pluſieurs de ſes Lettres n'en conſtate-t-il pas la verité ? le Marquis de Sainte Foy après les
découvertes qu'il avoit faites, cherchoit à rompre avec elle : il prétexta
un deſir de ſe retirer dans un Couvent, voici ce qu'elle lui écrit.

*Je ſuis enchantée, mon cher Epoux, de ta vocation ; il ne s'agit donc plus que du
choix, ſi tu te feras Chartreux ou Hermite. Nous avons tous deux une petite affaire
à décider avant ta priſe d'habit : c'eſt à ſçavoir, ſi je veux être femme d'un Moine.
Tu ne ſçaurois être Solitaire que je n'y conſente : je me mocque de tes ſermens pour le
Monaſtere, ton petit Anglois s'y revolte & s'oppoſe à ta Profeſſion ; me croiras-tu*

aſſez folle de perdre mon doüaire & la donation de ton bien pour un Frere Coupe-choux ? viens donc entre deux draps apprendre le Latin de ta femme. (Que répondre à cette preuve de commerce ?) *Voilà le premier mot de ta Chartreuſe ; Memento mori. C'eſt là qu'il faut qu'un chacun rende à Ceſar ce qui lui appartient. Laiſſons le comique ; revenons au ſerieux : Fais un genereux effort pour te rendre à une épouſe qui n'aime que ton élévation , te rendre à toi-même , & à ton petit Anglois.*

Quel langage pour une femme ! ſon irreligion & ſon peu de pudeur ne ſe décelent-elles pas également ? Cette réflexion *Memento mori,* terrible pour un Chrétien, & effrayante même pour le Philoſophe, lui paroît comique. *Laiſſons le comique, revenons au ſerieux ;* & ce ſerieux c'eſt l'amour qu'il devoit avoir pour elle, & pour ſon petit Anglois. Mais qui étoit ce petit Anglois ? elle en parle encore dans d'autres lettres.

Ne me traitez plus de Madame, mon cher fils , au nom de votre petit Anglois, ſi vous ne voulez me faire mourir. Si vous m'y forcez , tant pis pour vous ; votre petit Anglois trouvera auſſi-bien que moi , le Roy d'Angleterre pour protecteur à Rome , où je compte aller ce printemps , après que vous aurez rompu avec moi.

Ces Lettres ſont reconnues. Qui étoit donc ce petit Anglois ? C'étoit le fruit honteux de ſes amours avec le Marquis de Sainte Foy. Il n'a jamais paru à la verité ; & elle ne penſoit pas même qu'il dût paroître. Son âge ne lui laiſſoit aucune eſperance à cet égard ; mais cette ſuppoſition lui paroiſſoit propre à augmenter une paſſion qu'elle voyoit prête de s'éteindre.

Or pour faire cette ſuppoſition avec quelque ſuccès , ne faloit-il pas que le Marquis de Sainte Foy la pût croire ? il auroit été inutile de lui promettre un enfant, qu'il auroit ſçu ne devoir pas naître ; & cette eſperance qu'il pouvoit concevoir, n'eſt-elle pas un ſur-garant du crime d'Eliſabeth Tricot ?

La preuve de ſon commerce avec le Marquis de Sainte Foy eſt donc évidente ; & ſi c'eſt à cette preuve qu'elle réduit la déciſion de cette cauſe, le ſuccès n'eſt pas incertain, ſoit qu'on la regarde comme la Concubine du Marquis de Sainte Foy, ſoit qu'on la regarde ſeulement comme une perſonne notée, elle eſt incapable de donation ; elle ne ſçauroit profiter de la reconnoiſſance qu'il lui a donnée ; qu'elle ne prouve qu'il a reçu, ce qu'il reconnoît lui devoir : *Non idcirco quod ſcriptum eſt exigi poſſe in fraudem legis relictum,* dit la Loi ; & quand on ne regarderoit pas cette donation dans cette vûe , quand elle ne ſeroit pas une donation faite *turpi perſonæ,* n'offriroit-elle pas des nullitez auſſi invincibles ? cette donation ſeroit une contre lettre au Contrat de mariage : elle ne renferme ni acceptation , ni tradition.

L'acte dont il s'agit regardé comme une donation ne ſçauroit donc être executé, il eſt donc nul : mais quand même il ſeroit une quittance, ce que l'on a prouvé ne pouvoir être , ſa nullité ne ſeroit pas moins évidente.

Deux défauts eſſentiels dans cet acte regardé comme une quittance de Contrat de mariage ; il n'offre ni réalité, ni numeration de deniers, il renferme une contre lettre.

Dans les Provinces regies par le Droit Coutumier l'exception des de-

L. 27. §. 6. ff. de legatis.

niers non nombrez & délivrez n'eſt point reçue : ce n'eſt pas à nos uſages ſeuls que cette exception doit quelque changement. L'Empereur en la Loi *in contractibus au §. ſed quoniam* du Code *de numer. pecun.* ayant remarqué que les gens de mauvaiſe foi ne manquoient jamais à oppoſer cette exception, jugea à propos de la retrancher en certain cas, & particulierement pour la dot, ſur-tout s'il ſe trouvoit une quittance de la dot, ainſi que nous l'explique Cujas, parceque *hæc geminata confeſſio plus operabatur quam una,* & que *in geminata confeſſione non præſumitur animus donandi.*

Mais les Auteurs qui annoncent ces principes, apprennent en même temps leurs exceptions, ils conviennent que la femme n'eſt point tenue de verifier le payement de ſa dot, dès qu'elle en a quittance, que l'exception *de non numeratâ pecuniâ* n'eſt point pratiquée en France, que *ſtatur instrumento, & ei creditur,* c'eſt le ſentiment de Baquet : mais il ajoute en même temps, que c'eſt lorſque la quittance paſſée pardevant deux Notaires porte payé, compté & nombré en preſence des Notaires. Alors *ſtatur instrumento & ei creditur.* Il faut que le mari ou ſon heritier s'inſcrive en faux. *Cùm instrumentum non ſolùm confeſſionem, ſed receptionem contineat.*

Baquet, Traité des droits de Juſtice, ch. 15. num. 65.

L. 1. *Ubi Gloſſa in verbo inſtrum.* C. *de dote, cauſa & non numer.*

Or cette quittance porte-t-elle payé, compté & nombré en preſence des Notaires ? elle n'en fait aucune mention, le contraire même y eſt exprimé.

On peut donc aux termes de Baquet propoſer cette exception, ſurtout cette quittance étant paſſée en faveur d'une perſonne à qui l'on ne pouvoit donner, & étant certain que *qui non poteſt donare, non poteſt confiteri,* & que telle confeſſion de dette ou de recette, eſt preſumée frauduleuſe ; c'eſt le même Baquet qui fournit ces principes.

Banage ſur l'art. 410. Coutume Normandie.

Banage dit que la Coutume n'ayant pas ſeulement défendu les donations, mais auſſi tous les contrats qui produiſent quelque utilité à l'un des Conjoints, la confeſſion ou la déclaration de l'un d'eux ne ſuffit pas, ſi d'autres preuves n'en garantiſſent la verité. Et ce principe eſt établi ſur cette Loi fameuſe *qui teſtamentum,* où l'on demande ſi une ſomme qu'on laiſſe à Titius par teſtament, comme la lui devant, & qu'on ne pouvoit lui donner, peut être exigée : *reſpondi ſi Titius ſupra ſcripta ex ratione ſuâ ad teſtatorem perveniſſe probare potuerit, exigi, videtur enim eo quod ille plus capere non poterat, in fraudem legis hæc in teſtamento adjeciſſe.*

De probat. §.

Il ne ſuffit donc pas d'avoir un titre, il faut prouver que ce titre eſt juſte. En vain pour faire valoir un legs fait à un incapable le colore-t-on d'une cauſe onereuſe, ces declarations paſſent pour des illuſions que l'on veut faire à la Loi ; c'eſt le ſentiment de Paul de Caſtre, de Balde, de Barthole, ils diſent tous, que *ejuſmodi confeſſio facta inter perſonas, inter quas prohibita eſt donatio, ut titulus lucrativus, præſumitur facta in fraudem legis, & ſic animo donandi.*

Coquille. quæſt. 120.

Surtout, dit Coquille, quand les deniers ſe trouvent payez par la femme, & non point par pere, mere, frere, ou autre parent, & telle eſt cette eſpece.

Papon L. 10. Tit 2.

Ce qui eſt ſoutenu de la Juriſprudence des Arreſts, Papon en rapporte un du Parlement de Paris ; il dit qu'une perſonne n'ayant puiſſance de donner à un autre, comme un mari à ſa femme, un Concubin à ſa

Concubine

Concubine, le Marquis de Sainte Foy à Elifabeth Tricot, s'il reconnoît
devoir à celui à qui il ne pouvoit donner, ou qu'il reconnoiffe avoir reçûe de cette perfonne chofe dotable, or, argent, ou meuble, & pro-
mete reftituer fans réalité, tout eft nul, & n'eft telle chofe executoire,
notamment *inter perfonas prohibitas*, & la turpitude d'Elifabeth Tricot rend
cette efpece la nôtre; c'eft ainfi qu'il a été jugé pour Jean Lucat, contre la
veuve de Damyot, qui produifoit une quittance de fa dot paffée par fon
mari, fans expreffe numeration, & s'en vouloit fervir contre ledit Lucat,
tiers détempteur des biens hypotequez, mais elle fut déboutée.

*Joan. fab in l. fcri-
pturas c.*

Et c'eft auffi la décifion formelle de Jean Faber fur la Loi *Scripturas*
au Code, furtout lorfque le mari donne une quittance pour deniers au-
paravant reçûs, & telle eft la quittance dont il s'agit; une pareille quittance de dot eft cenfée feinte & fimulée : il a été ainfi jugé par Arreft
du Parlement de Grenoble du 1 Juillet 1615; l'exception *de non numerata
pecuniâ*, n'eft donc plus en ufage parmi nous, comme elle l'étoit chez les
Romains, mais c'eft lorfque la quittance porte une expreffe numeration
en préfence des Notaires.

*Baffet rom. 1. l. 4.
tit. 5. c. 2.*

En effet quelles font les fonctions des Notaires ? ce font des Officiers
établis pour donner aux actes qui fe paffent pardevant eux, le caractere
de la forme publique & de l'autorité de la Juftice, pour en garantir la
verité, & les exempter de toute verification; ces actes ne font point foumis à la preuve, & dès qu'ils conftatent qu'une dote a été payée, l'on
n'eft pas reçû à foutenir qu'elle ne l'a pas été, mais il faut qu'ils le prouvent, & comment le peuvent-ils faire fi elle ne la pas été en leur prefence ? ces Officiers ne font les garans que de ce qu'ils ont vû, que de
ce qui s'eft paffé en leur prefence.

Les faits qui ne font pas venus à leur connoiffance, ils ne les peuvent
revêtir du caractere de la forme publique, de l'autorité de la Juftice,
ils ne les peuvent fouftraire à l'examen, à la preuve : or ici queft-ce qui
s'eft paffé en la prefence des Notaires ? Qu'eft-ce que les Notaires conftatent par cet acte ? que le Marquis de Sainte Foy a donné une reconnoiffance de la fomme de 60000 liv. qu'ils n'ont point vû recevoir, qu'il
s'eft reconnu débiteur d'une dette qu'ils n'ont point vû contracter : voilà le fait qui eft revêtu du caractere de la forme publique; & c'eft le fait
dont le Marquis de Sainte Foy convient.

S'il difoit qu'il n'a pas donné une reconnoiffance de la fomme de
60000 liv. & qu'il demandât la preuve de cette reconnoiffance ; on lui
répondroit avec raifon, votre reconnoiffance même eft l'unique preuve
que vous puiffiez exiger, elle eft paffée devant Notaires, *ftatur inftrumento,
& ei creditur*, mais il dit qu'il n'a point reçû les 60000 l. qu'il a reconnu
avoir reçû.

Cette reception n'eft point prouvée par l'acte du Notaire, il eft prouvé feulement qu'il a reconnu avoir reçû, & il avoue cette reconnoiffance, mais il la foutient fauffe : or fa verité n'eft point prouvée par l'acte;
elle n'eft donc pas exempte de difcuffion, on peut donc admettre des
preuves contre cette reception, & les preuves étant concluantes, on
doit, non pas déclarer l'acte faux, car il eft vrai, mais le déclarer nul,
parcequ'il renferme une fauffe reconnoiffance.

Ce défaut de numeration de deniers, fur-tout fi on le raproche des
preuves de dol & de tromperie qui fe trouvent en cette Caufe, car ici
les faits de proftitution & de dol, doivent marcher à côté de toutes les

preuves ; ce défaut rend donc nul cet acte regardé comme une quittance, mais le moyen de la contre-lettre l'annéantit sans reſſource.

Entre toutes les conventions des hommes, il n'y en a point de plus importantes, qui ayent plus d'autorité, & qui engagent plus fortement, que les Contrats de mariage ; c'eſt là comme au centre, dit Brodeau ſur M. Louet, qu'aboutiſſent tous les actes particuliers, qui ſe paſſent enſuite entre les Conjoints.

Auſſi n'y a t'il point de Contrat où l'on apporte plus de ſolemnité, les parens doivent être appellez à ce Contrat, ils y ſervent de Conſeillers domeſtiques, c'eſt par leur avis que les conventions ſe reglent, c'eſt là qu'on établit le nœud indiſſoluble d'une alliance, & les loix d'une famille, elles doivent demeurer à la poſterité, fixes, ſtables, perpetuelles, & immuables, il n'eſt plus au pouvoir des Conjoints d'y rien changer, de les alterer, ni diminuer ; c'eſt toujours Brodeau qui parle.

Toutes contre-lettres faites à part & hors la preſence des parens qui ont aſſiſté au Contrat de mariage, ſont nulles ; c'eſt ainſi que s'exprime la Coutume, art. 258.

Or qu'entend-on par contre-lettre ? *Les contre-lettres, dit Auzanet, ſignifient toutes les conventions ſeparées du Contrat qui dérogent à ce qui a été accordé par le même Contrat.*

Les contre-lettres, dit Mᶜ Dupleſſis, *ſont des actes par leſquels on augmente ou diminue les conventions matrimoniales, portées dans le Contrat de mariage.*

Dans cette eſpece, par le Contrat de mariage Eliſabeth Tricot *promet apporter & fournir 60000 liv. ſuivant l'état & inventaire qui en ſera fait à l'amiable entre les futurs époux, lequel état ſera apporté à Mᵉ le Meignen Notaire, pour être par lui annexé à la minute du Contrat.*

Et cette clauſe eſt une des plus importantes du Contrat, c'étoit à cette convention qu'étoit attaché ſon execution, car il lui étoit facile de ſe conſtituer elle-même telle dot qu'elle jugeroit à propos ; mais pouvoit-on compter ſur cet engagement & en prouver l'execution, ſi ce n'étoit par l'état des effets qui compoſoient cette dot.

Cette convention étoit même neceſſaire à la ſureté d'Eliſabeth Tricot & ſi elle eût réellement donné des effets, quand cette convention n'eût pas été ſtipulée par le Contrat, il lui eût été important de conſtater par un état quels effets elle avoit donné.

Par la quittance dont il s'agit, elle ſe fait cependant *donner une décharge de rapporter leſdits effets, ſuivant qu'elle s'y étoit engagé par le Contrat.*

Voilà donc *une convention ſeparée du Contrat, qui déroge à ce qui avoit été accordé par le même Contrat.*

Voilà *un acte par lequel on diminue les conventions matrimoniales portées dans le Contrat de mariage.*

Voilà donc une contre-lettre, mais cette contre-lettre *eſt faite à part, & hors la preſence des parens qui avoient aſſiſté au Contrat de mariage ;* le pere & la ſœur du Marquis de Sainte Foy avoient ſigné le Contrat, ils n'ont point ſigné la quittance : voilà donc une contre-lettre nulle.

Et que l'on ne diſe pas qu'une quittance de dot ne peut jamais paſſer pour une contre-Lettre, qu'elle eſt au contraire l'execution, & l'accompliſſement du Contrat. Il eſt vrai qu'une quittance de dot eſt l'accompliſſement d'un Contrat, quand elle ne déroge pas à ce Contrat : mais tout acte qui déroge à ce qui a été accordé par le Contrat, qui diminue les conventions portées dans le Contrat de mariage, eſt une contre-Lettre : & ſi c'eſt par la quittance de dot que l'on déroge aux clauſes du

Contrat, que l'on diminue ces clauses ; c'est la quittance de dot, qui est une contre-Lettre.

Si l'on toleroit ces sortes de conventions secretes, la prévoyance des parens deviendroit inutile, & l'execution des Contrats de mariage chimerique, *si quidem clandestinis, ac domesticis fraudibus facilè quid vis pro negotii opportunitate confingi potest, vel id quod vere gestum est aboleri,* dit la Loi.

L. 27. c. de Donation.

Voilà donc un acte nul, quand même ce seroit une quittance ; l'on se flate d'avoir prouvé qu'il l'est comme donation : il ne reste qu'à établir que sous quelque titre qu'il se presente, il ne sçauroit se soustraire au caractere marqué de dol & de tromperie ; & par consequent qu'il ne peut avoir d'execution, quoique signé par un majeur.

Les majeurs peuvent être trompez. La foiblesse est de tous les âges, & lorsqu'ils prouvent qu'ils l'ont été, les Loix viennent à leur secours. *Majoribus etiam, per fraudem, vel dolum, vel perperam sine judicio factis divisionibus solet subveniri.*

L. 3. c. comm. ut. Jud.

Ce n'est pas avec un majeur qu'il faut avoir contracté, pour que l'execution du Contrat soit certaine. Il faut qu'il ne se trouve dans ce Contrat ni dol, ni tromperie. *Ait prætor, pacta conventa, quæ neque dolo malo, neque adversus Leges, neque quo fraus cui eorum fiat, facta erunt, servabo.*

Et le dol, ce sont les faits qui le prouvent. *Sed an dolo, quid factum sit, ex facto intelligitur.* Ce qu'enseigne aussi Mᵉ Charles Dumoulin. *Fraus consistit in circonstantiis.*

L. 1 §. 2. de doli mali & met. except.

Or peut-on trouver des circonstances de fait où le dol soit plus évident ? Voilà une reconnoissance de 60000 l. On espere avoir prouvé qu'elle est fausse, que le Marquis de Sainte Foy ne les a jamais reçûes : voilà donc une lézion du tout au tout ; voilà donc un dol marqué.

Et les actions d'Elisabeth Tricot, ses lettres, tout en elle n'anonce-t-il pas l'artifice & le mensonge ? N'a-t-elle pas séduit le cœur du Marquis de Sainte Foy ? n'a-t-elle pas aveuglé son esprit ? & n'est ce pas en cela que consiste le dol ? (labeo) *sic definit dolum malum esse omnem calliditatem, fallaciam, machinationem ad circumveniendum, fallendum, decipiendum alterum adhibitam, labeonis definitio vera est,* dit la loi.

Ne peut on pas même employer ici avec succès la Regle 34. *de Reg. Jur. in sexto. Semel malus, semper præsumitur malus ?* Un crime prouve l'autre ; & avoir été déja convaincu de fourberie, c'est une grande preuve pour l'être une seconde fois, Elisabeth Tricot a trompé tous ceux qui l'ont connu. Comment le Marquis de Sainte Foy auroit-il évité ses artifices ?

On a vû jusqu'à quel point elle en impose sur sa naissance sur ses alliances & sur sa fortune ; en vain on opose à ces chimeres les preuves les plus autentiques, en vain on lui rapporte une lettre de son pere du mois de Novembre 1704, qui lui apprend *qu'il est dans un état pitoyable avec un arabe de Fermier, qu'il veut aller au Voisiné qui lui fait offres de lui donner sa pension pour 45 liv. bon temps, mauvais temps ; qu'en faisant la soupe tous les soirs, on ramasse tous les morceaux de croute, même la parûre du pain pour mettre dans son écuelle, qui n'est que de gros pain d'orge très-méchant, & que l'on ne donneroit pas aux Chiens ce que l'on met dans son écuelle.*

En vain on lui presente son acte de celebration de mariage avec le nommé Bourg, où est inserée la lettre du Grand Vicaire de Treguiers, qui écrit au Curé qu'il peut marier *la fille de Tricot & son amant.*

La lettre du Grand Vicaire de S. Brieux, qui certifie *que la nommée Elisabeth Tricot de la Roche de rien a épousé un soldat Irlandois nommé Bourg, ou* qui du moins en avoit pris le nom, *& que ce soldat est mort il y a environ sept ou huit ans dans l'Hôpital de Brest.* Cette lettre est du 4 Avril 1711.

Ces preuves respectables ne lui font point changer de ton, elle soutient toujours la fourberie ; mais l'Histoire de Rozimene & de Sefarion fournit encore un trait qui ne doit pas échaper.

Elle se fait demander où elle ira après la rupture du Marquis de sainte Foy, & elle dit :

J'ai dessein de passer dans les Etats de feu Milord mon époux, & si ma religion en souffre, j'irai à Rome trouver mon Roy, & je crois que j'en serai bien reçue ; j'ai eu les premices de l'estime de ce grand Monarque & l'honneur d'être dès mon enfance favorite de la Reine sa mere, & de la Princesse sa sœur : & la jeune Reine épouse de Sa Majesté, est petite fille de la Reine de Pologne, morte à Blois en France, qui étoit une d'Arquin, cousine issue de Germaine de mon dernier mari, cela me fera encore proche parente de la Reine d'Angleterre, qui est enceinte de quatre mois, & je pourai devenir gouvernante du Prince ou de la Princesse que Sa Majesté nous va donner, ou reprendre ma place de premiere Dame d'honneur.

Qui auroit imaginé que cette femme, fille d'un Mercier d'un petit Bourg de la Basse Bretagne, servante dans plusieurs maisons, deshonorée par des emprisonnemens, fletrie par des Sentences criminelles, renfermée à l'Hôpital, que cette femme, que des extraits baptistaires, qu'un billet de 300 liv. pour frais de couche, qu'une transaction, qu'un aveu de vol couvrent d'ignominie, à qui l'on reproche des assassinats meditez, des recompenses promises pour les mettre à execution, des témoins subornez, des filles corrompues, un aveu infame de ses débauches & des maladies honteuses qui les ont suivies, enfin qu'Elisabeth Tricot se fût promise la place de Gouvernante des enfans d'une Auguste Princesse ? quelle illusion ! quelle tromperie ! ses discours décelent donc ses artifices ; mais ses actions les prouvent, son caractere même, ses lettres tout concourt à détruire son titre : & il est inutile de representer les addresses dont elle s'est servie, pour conduire le Marquis de sainte Foy au point où elle le vouloit.

On sçait assez ce que peut une passion d'autant plus dangereuse, que c'est par l'esprit qu'on s'est rendu maître du cœur, & elle ne faisoit que mettre en œuvre des coups qu'elle avoit assez souvent portez, pour ne pas douter de leur succès.

Cette entreprise cependant ne sera suivie que d'opprobre & de confusion, car c'est détruire cette fourberie que de la presenter à des Juges éclairez, c'est anéantir cet Acte que d'en faire la lecture ; les Loix mêmes s'opposent à son execution, les circonstances du fait, le caractere d'Elisabeth Tricot hâtent le succès du Marquis de sainte Foy, l'artifice est découvert.

Il ne reste qu'à effrayer par un Jugement solemnel ces victimes d'infamie, comme parle Tertullien, qui souillent la terre, la remplissent d'abomination, ainsi que s'exprime l'Ecriture, & n'employent les trop seduisans avantages qu'elles ont reçu du Createur qu'à tromper la creature.

Le mauvais succès des artifices d'Elisabeth Tricot leur annoncera ce qu'elles doivent attendre de ceux qu'elles mettent tous les jours en œuvre, & la crainte de ne pas réussir les empêchera peut-être d'entreprendre.

Me **MANNORY**, Avocat.